This Book Belogs To

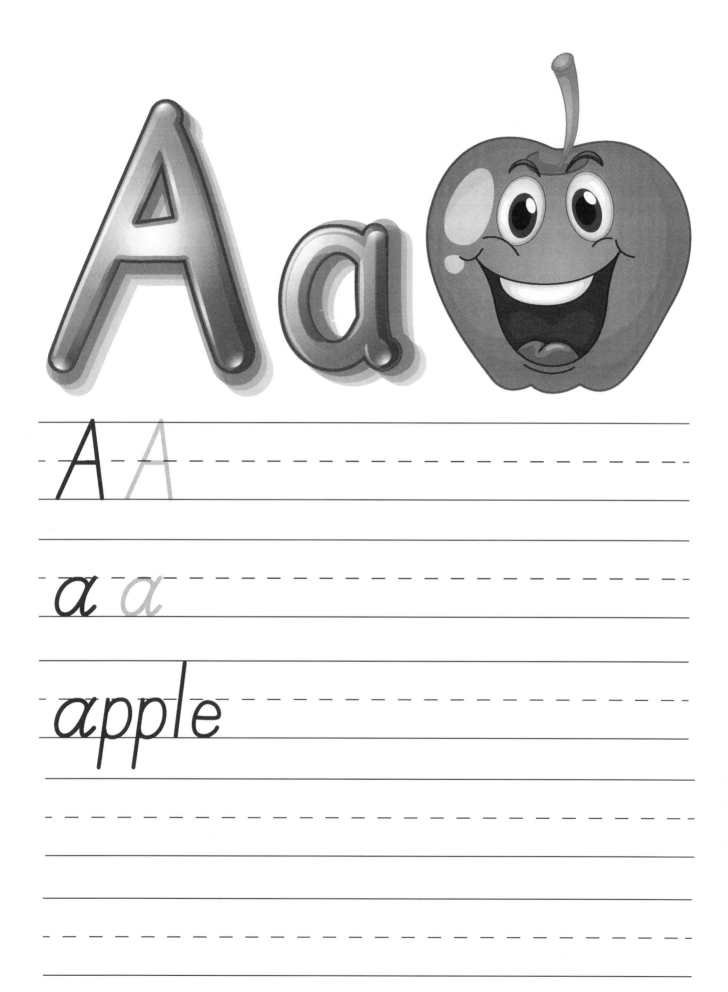

A A

a a

apple

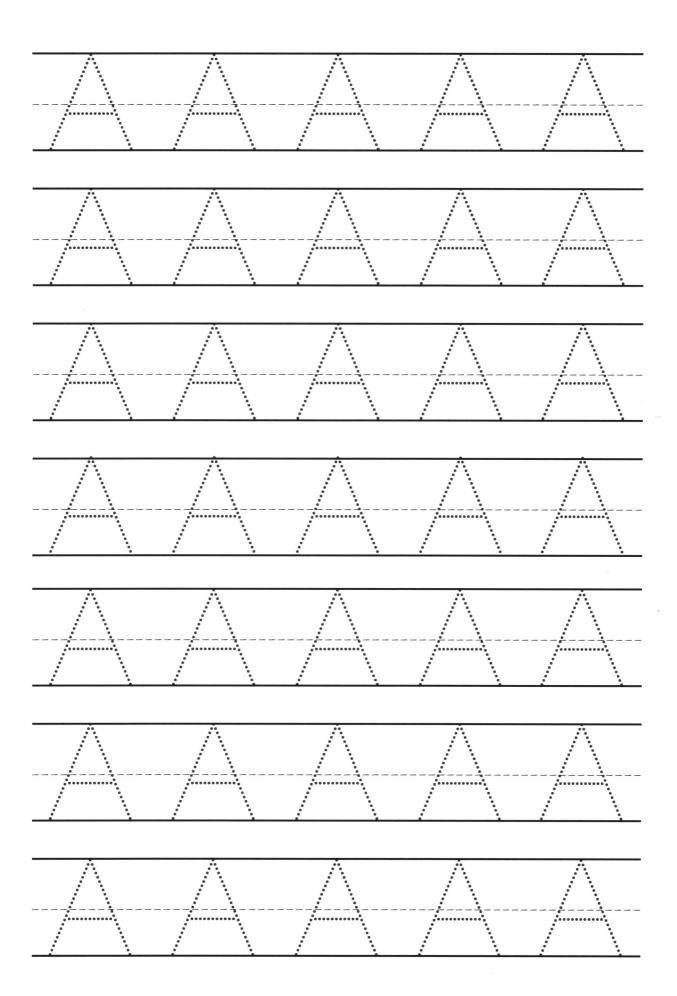

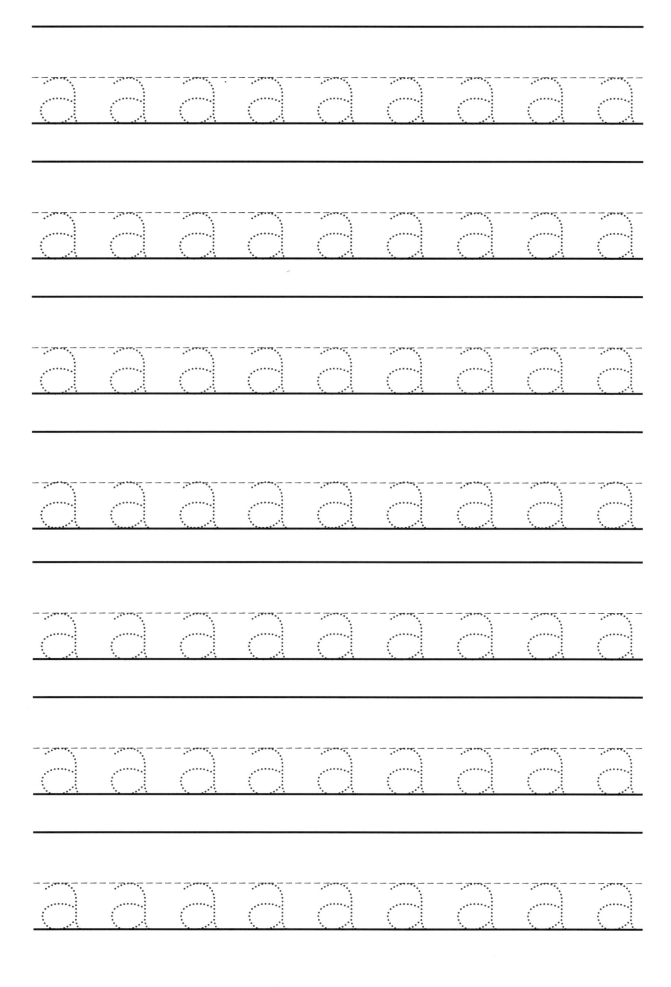

B B

b b

bee

B B B B B

B B B B B

B B B B B

B B B B B

B B B B B

B B B B B

B B B B B

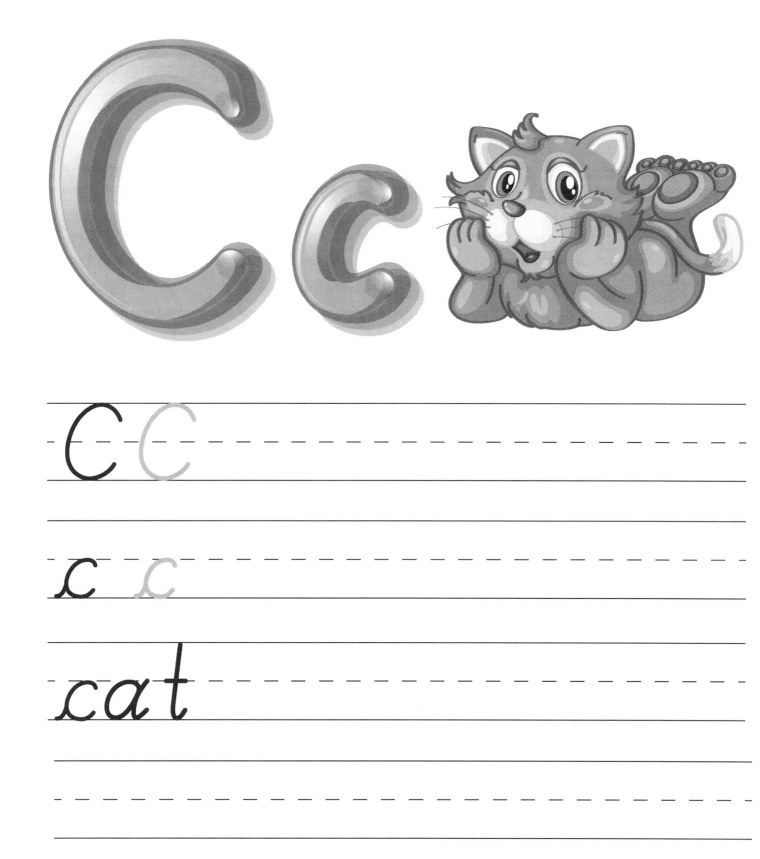

Cc

cc

cat

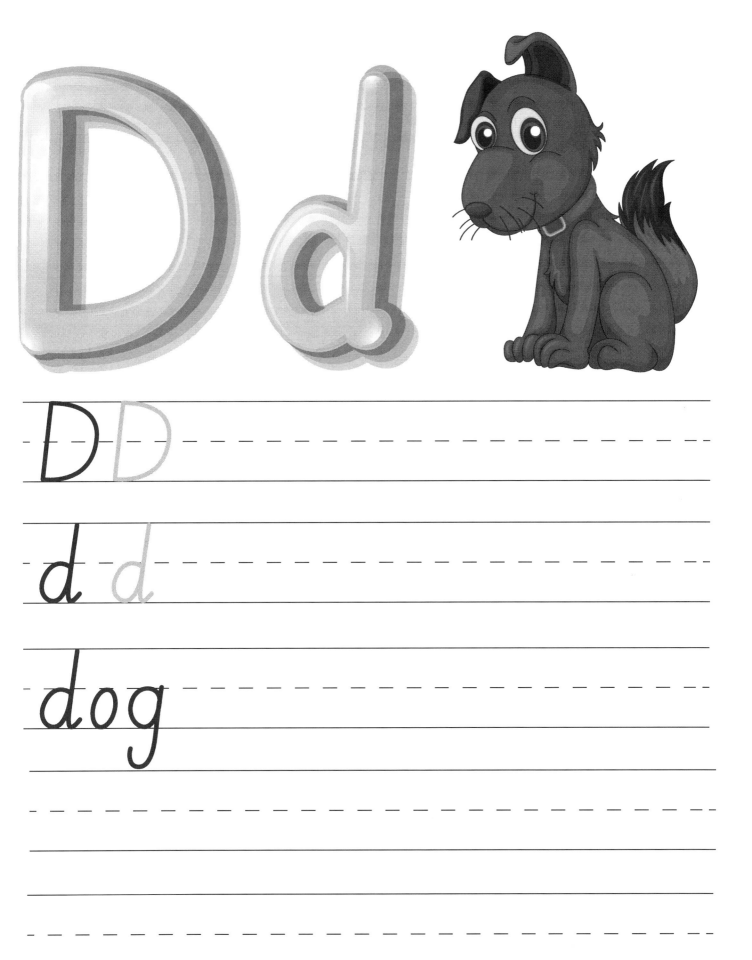

D d

D D

d d

dog

d d d d d d d d

d d d d d d d d

d d d d d d d d

d d d d d d d d

d d d d d d d d

d d d d d d d d

d d d d d d d d

E e

E E

e e

elephant

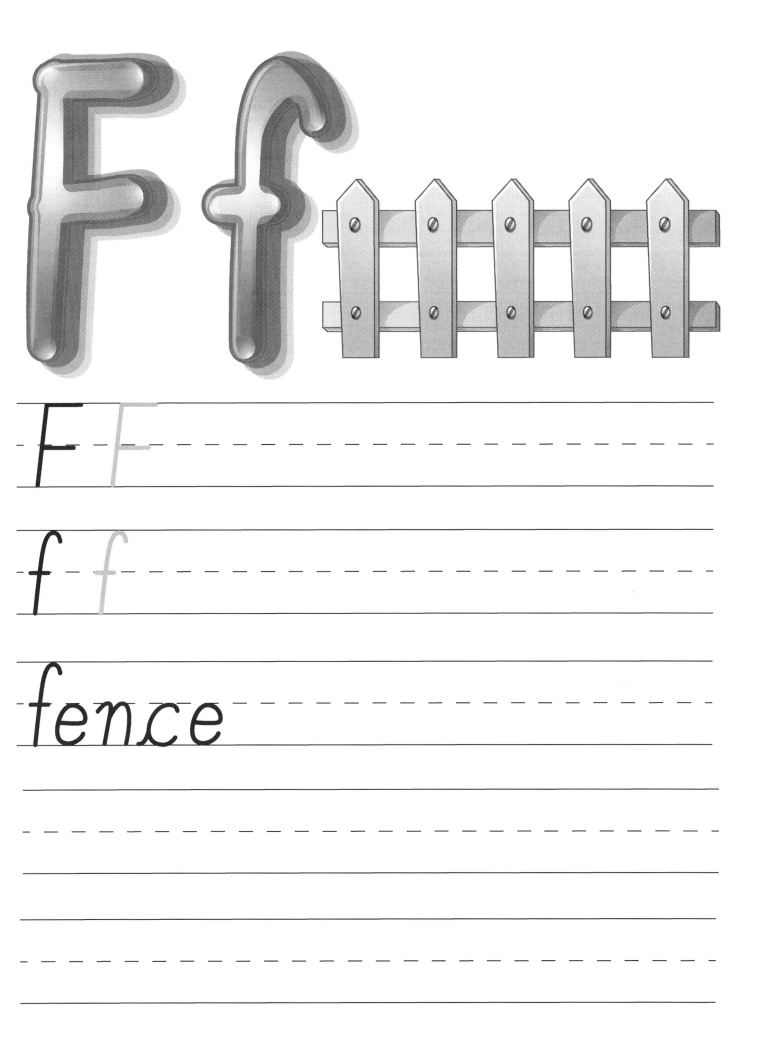

F F

f f

fence

G G

g g

giraffe

G G G G G

G G G G G

G G G G G

G G G G G

G G G G G

G G G G G

G G G G G

H H

h h

hen

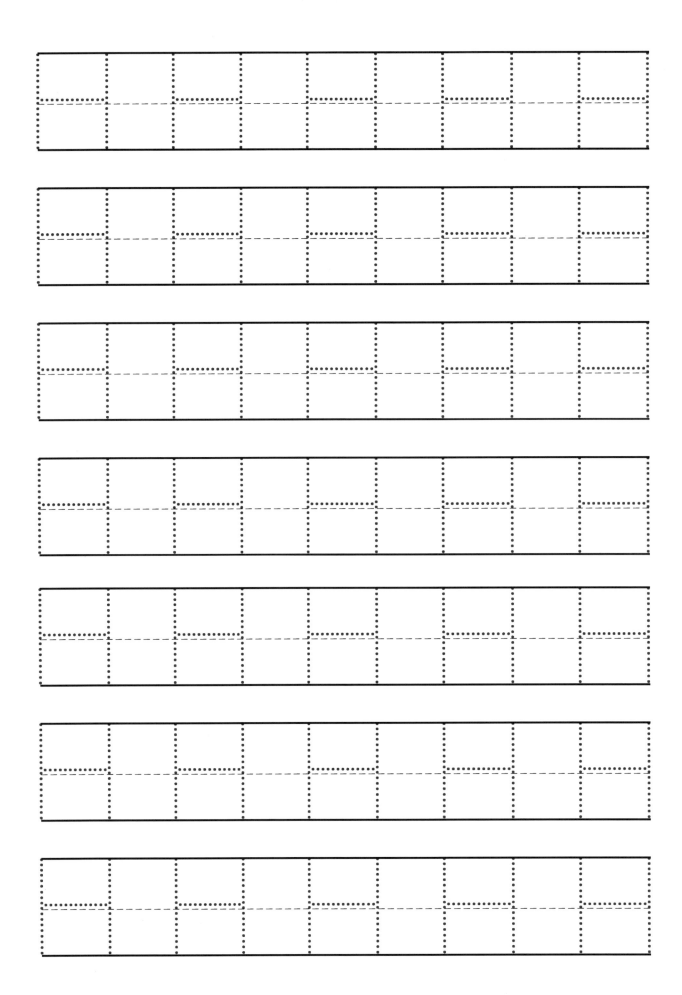

h h h h h h h

h h h h h h h

h h h h h h h

h h h h h h h

h h h h h h h

h h h h h h h

h h h h h h h

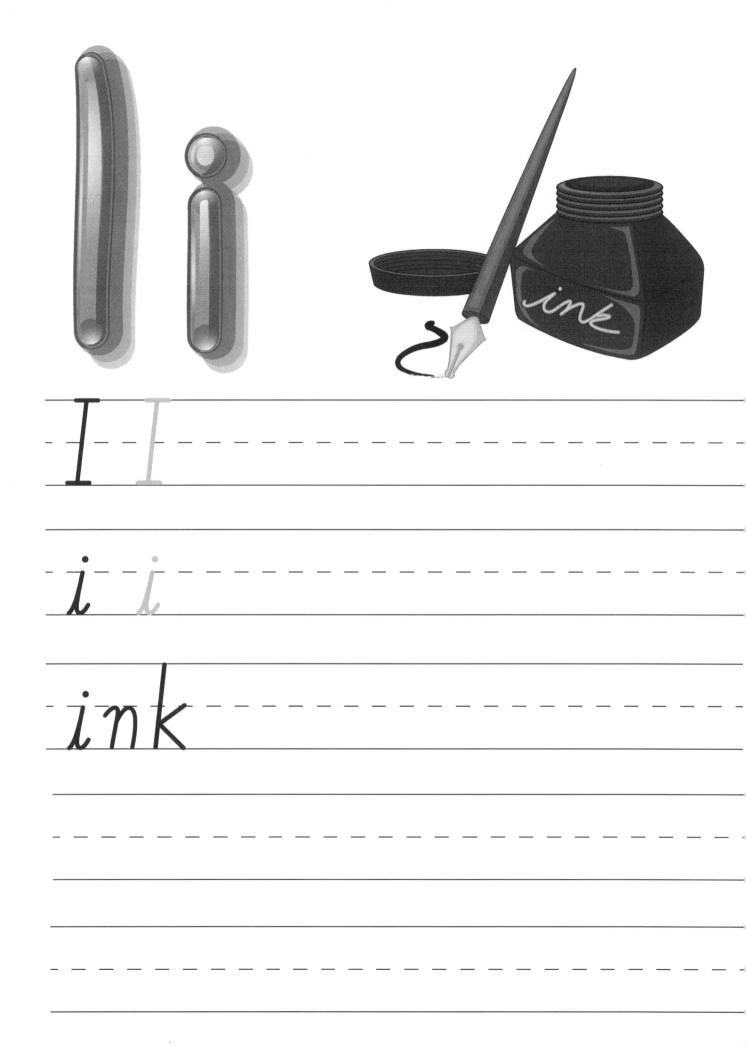

I I

i i

ink

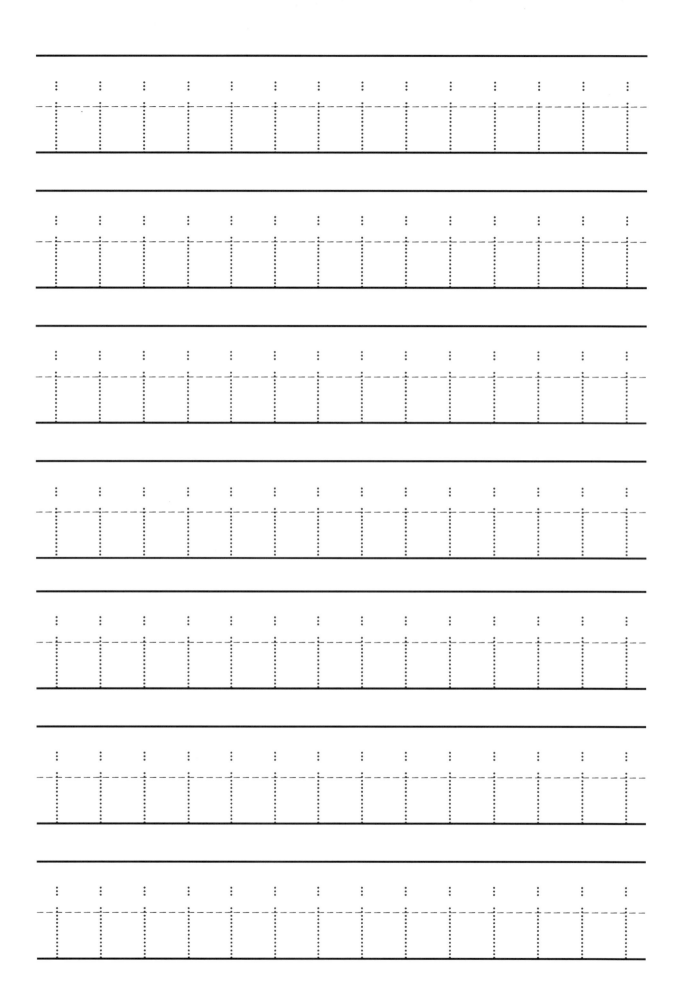

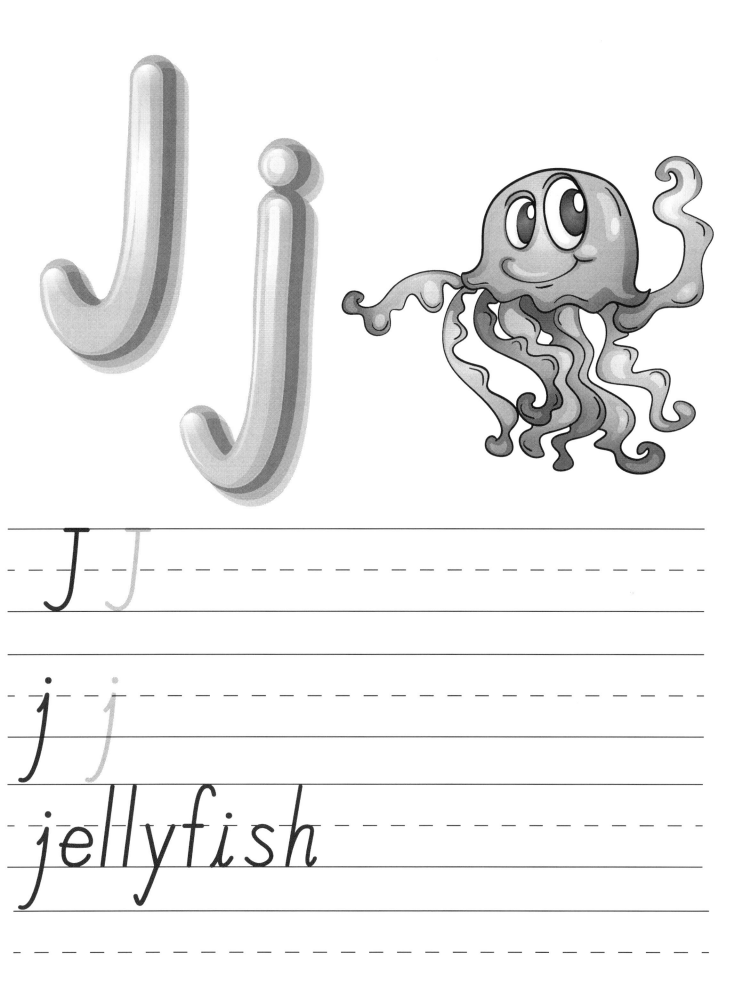

J J

j j

jellyfish

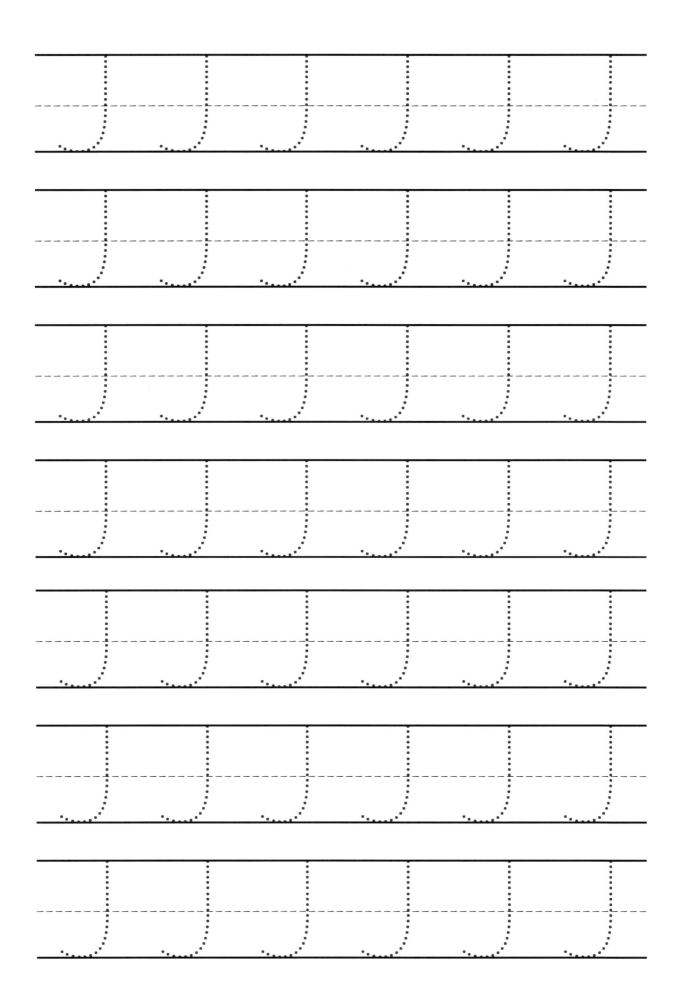

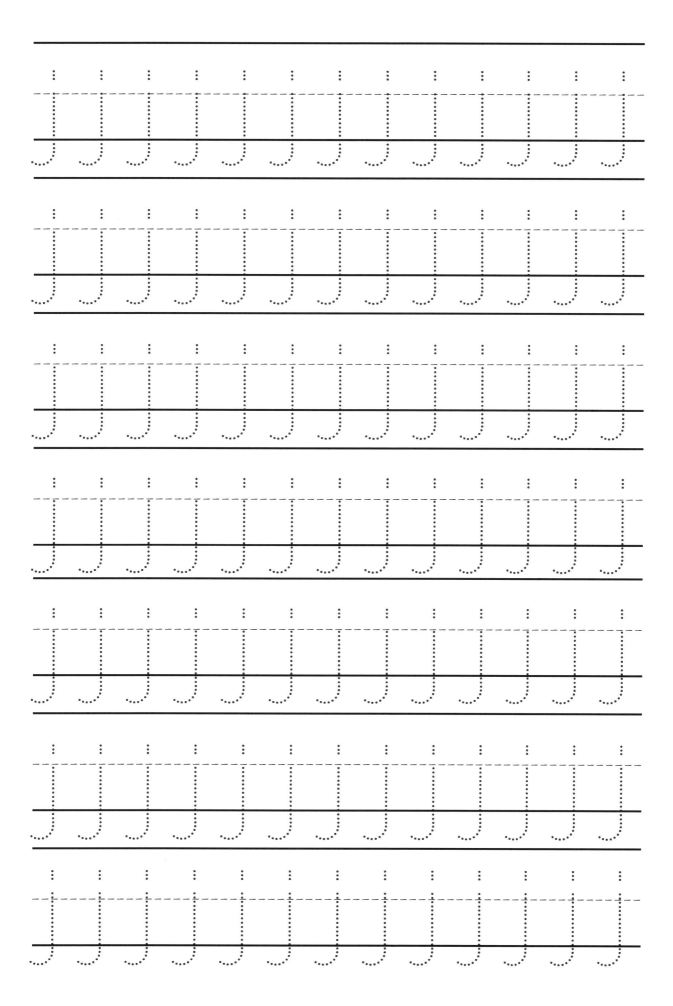

K k

K k

k k

kangaroo

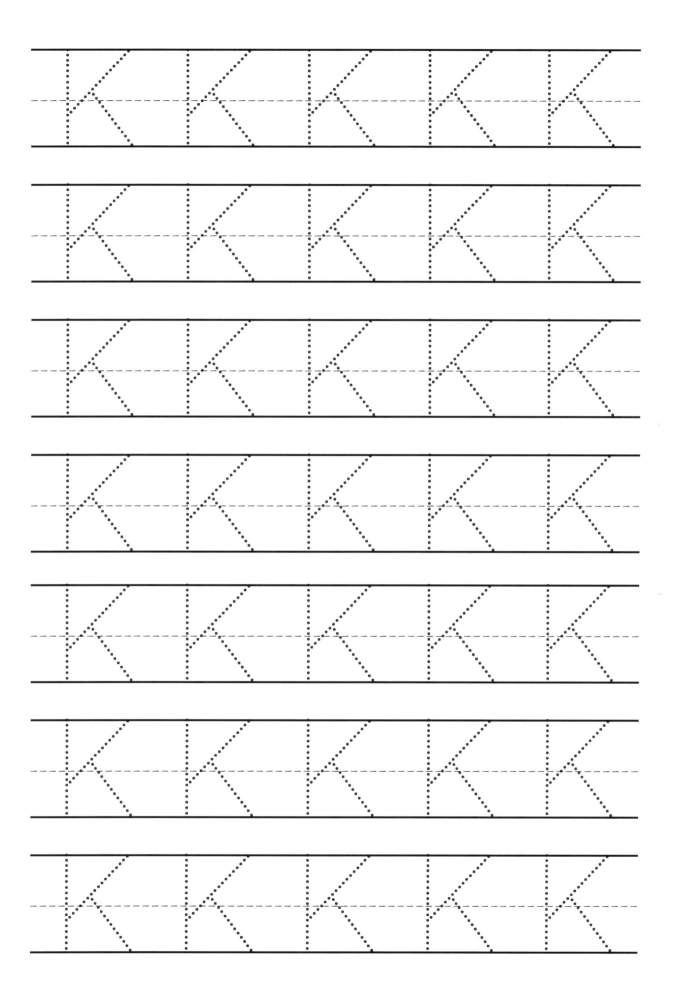

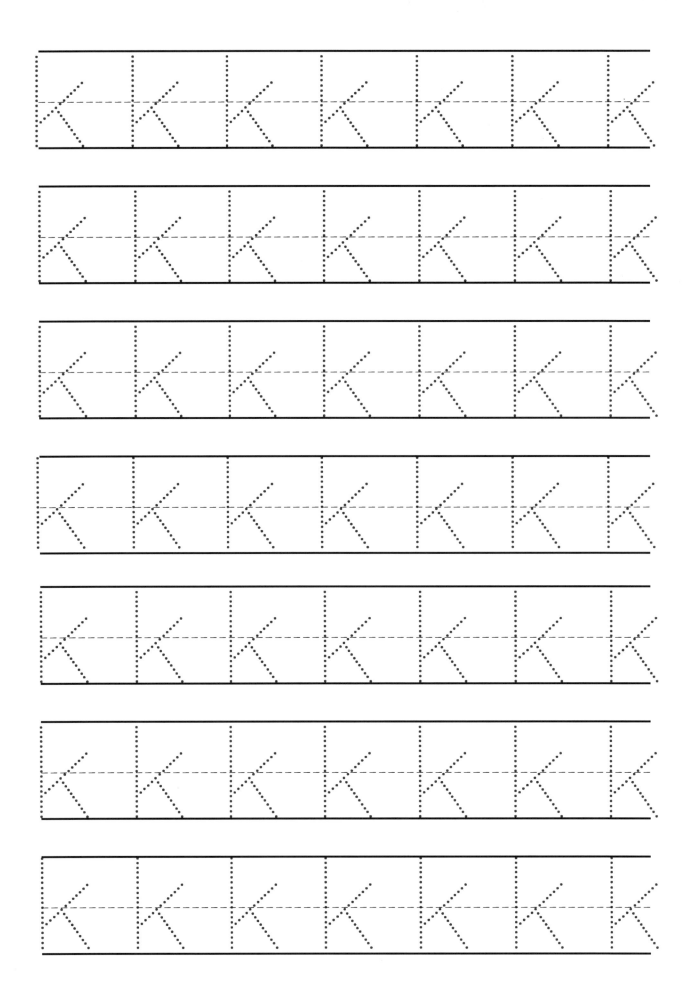

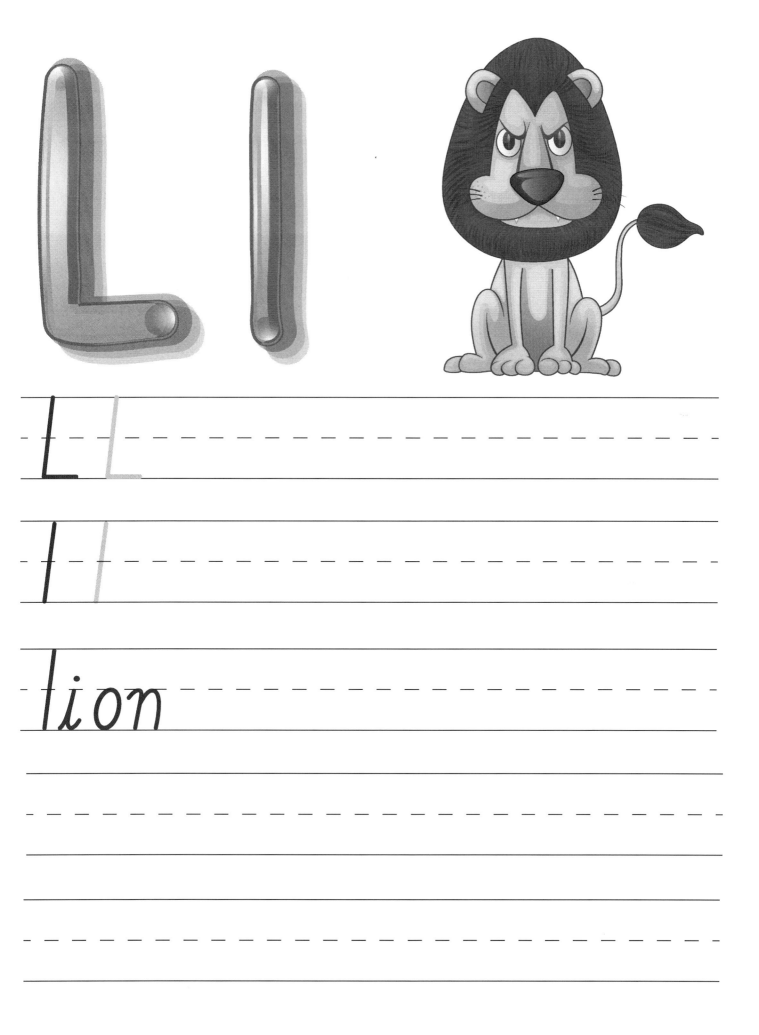

L l

lion

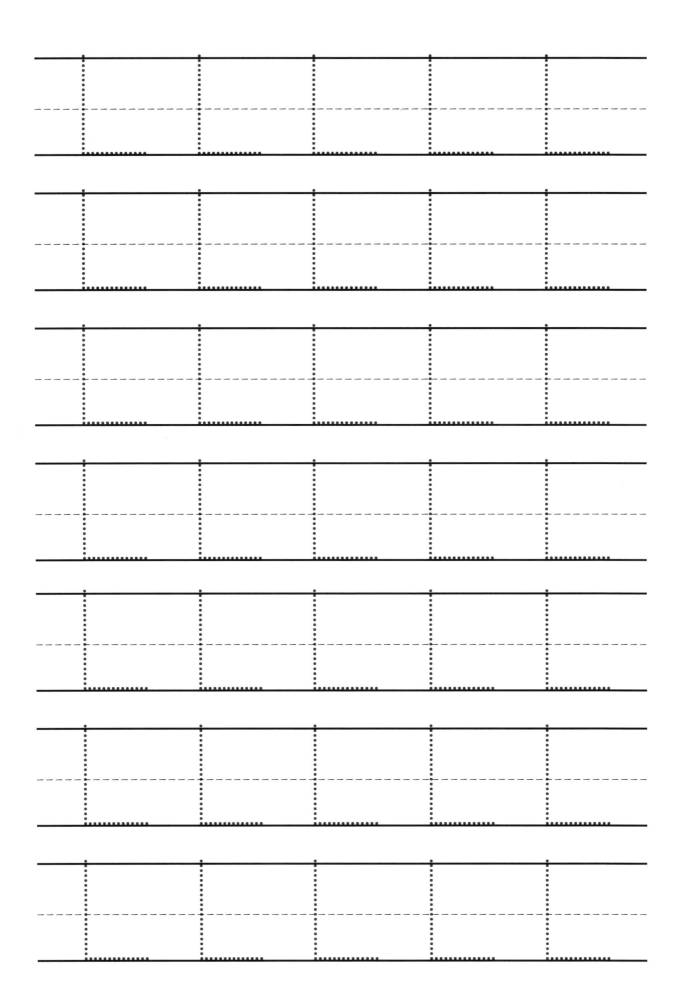

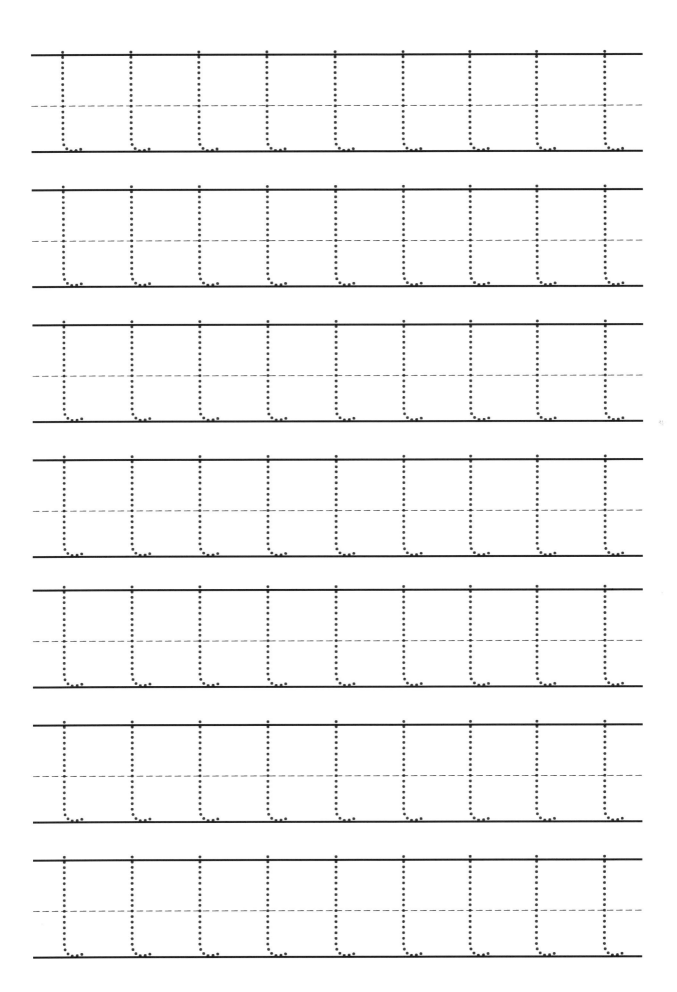

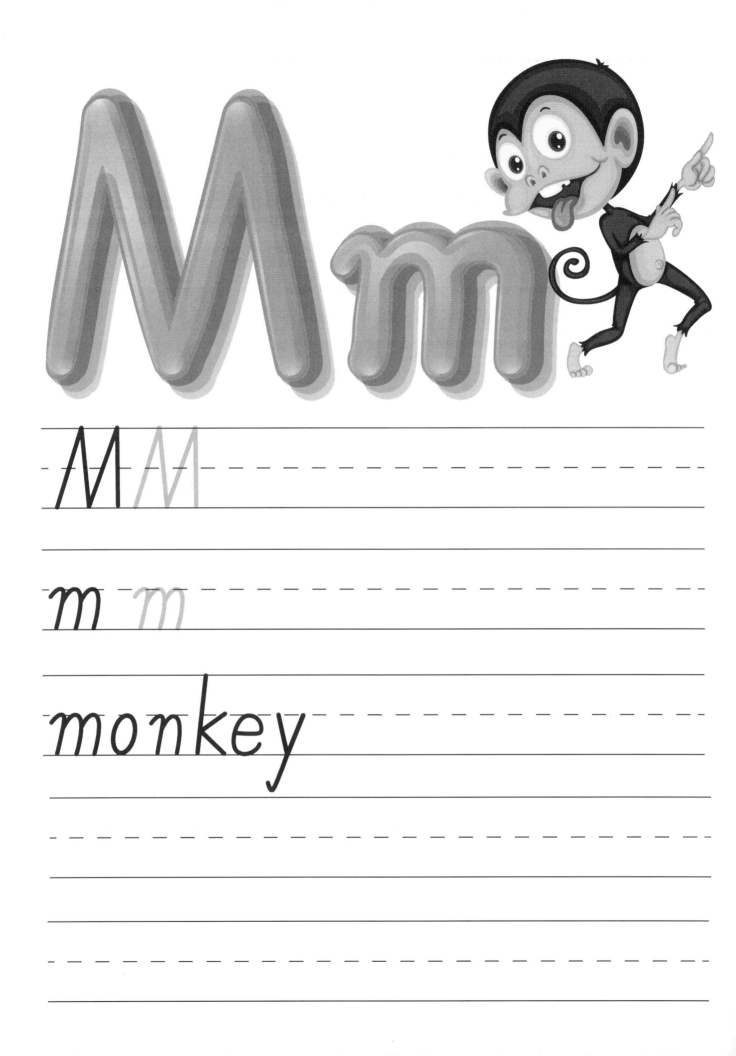

M M

m m

monkey

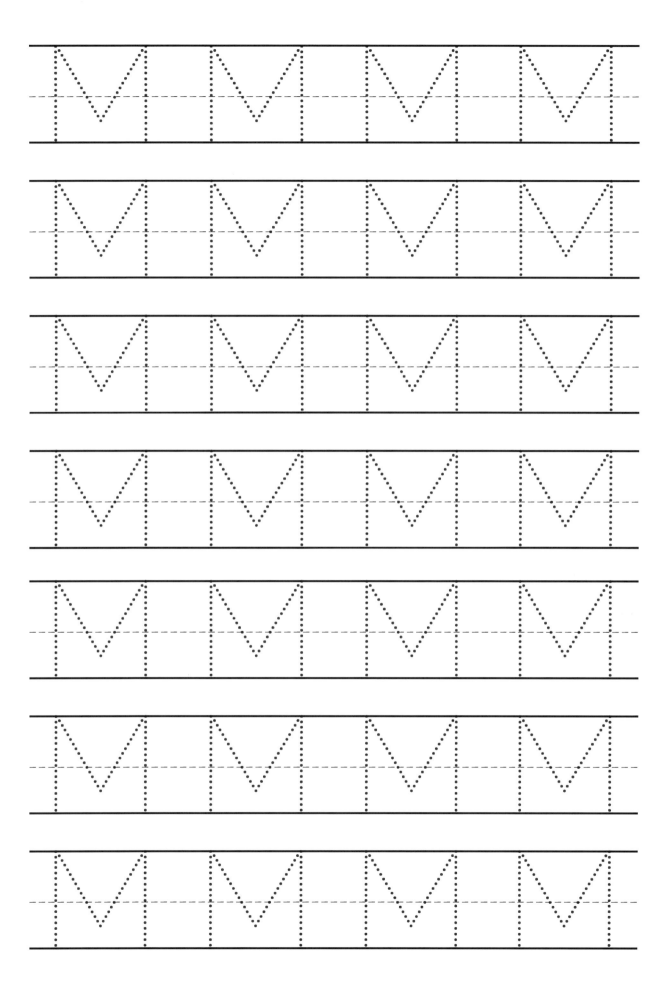

N n

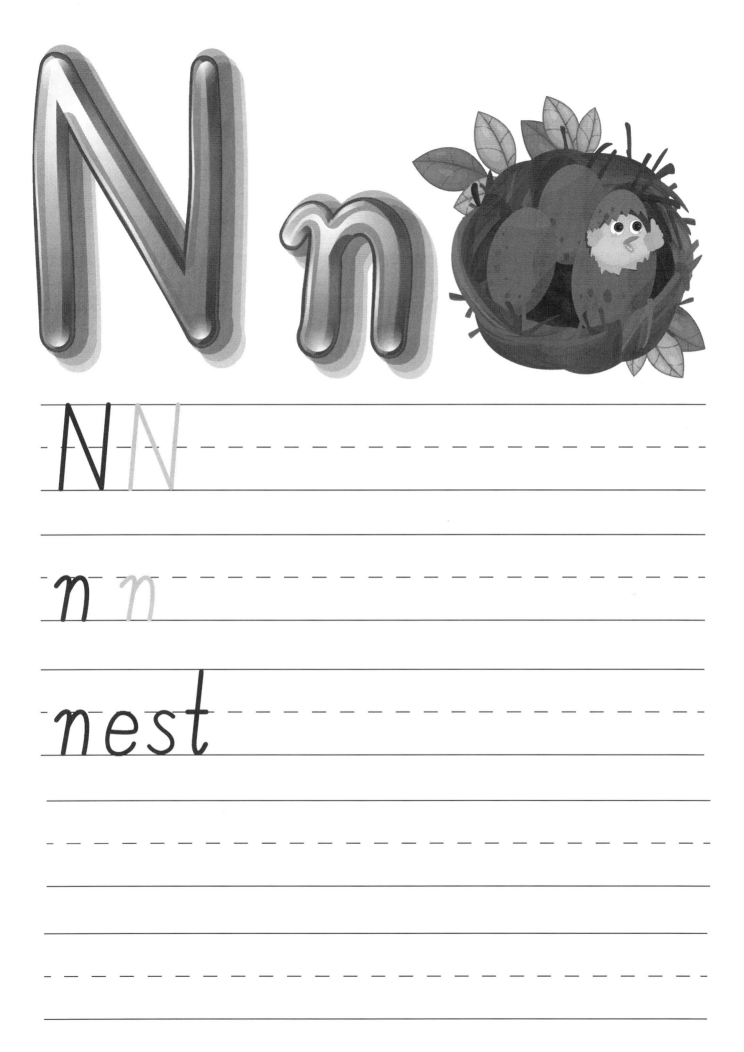

N N

n n

nest

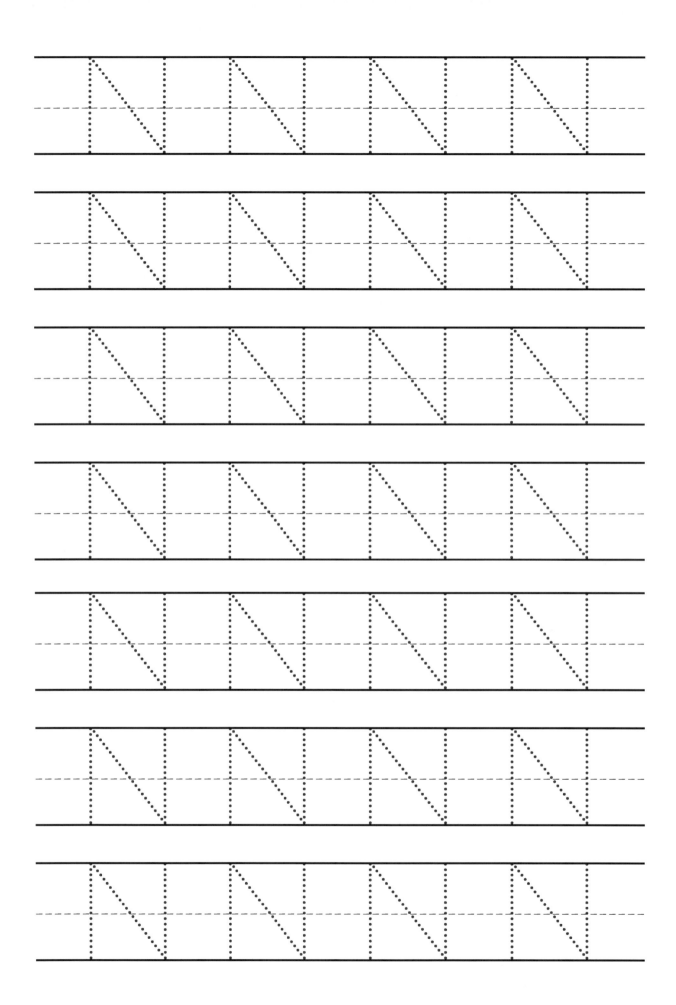

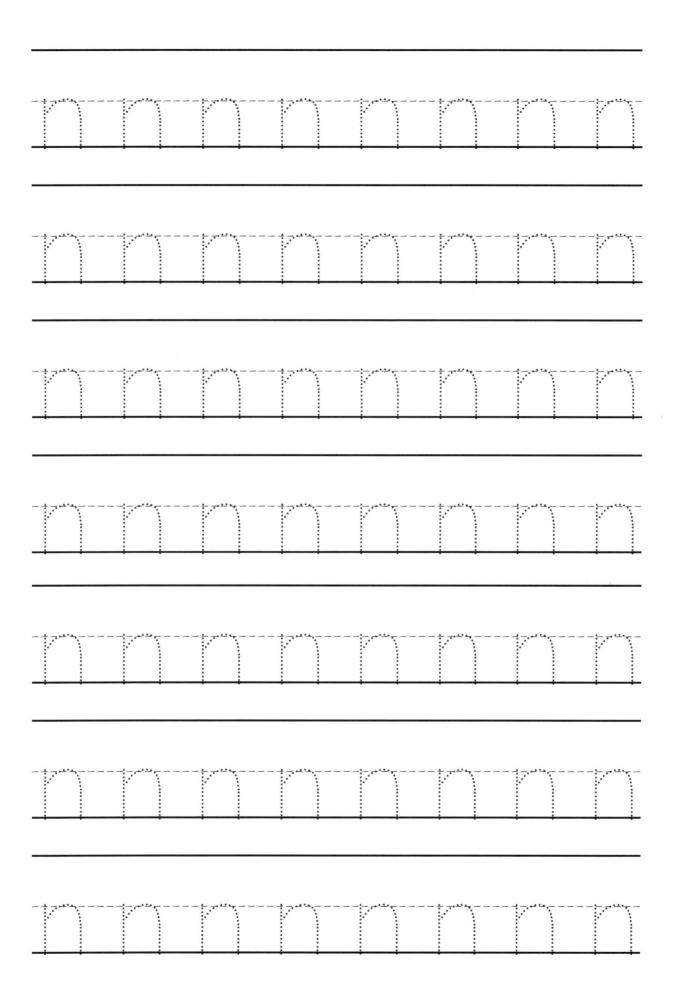

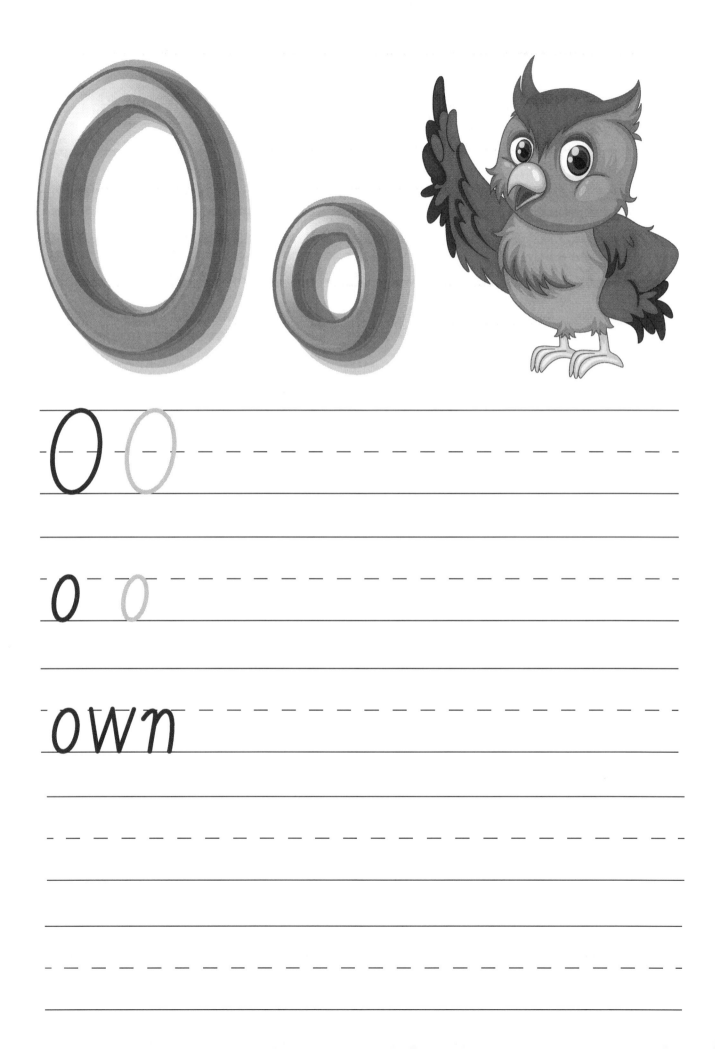

O o

O O

o o

own

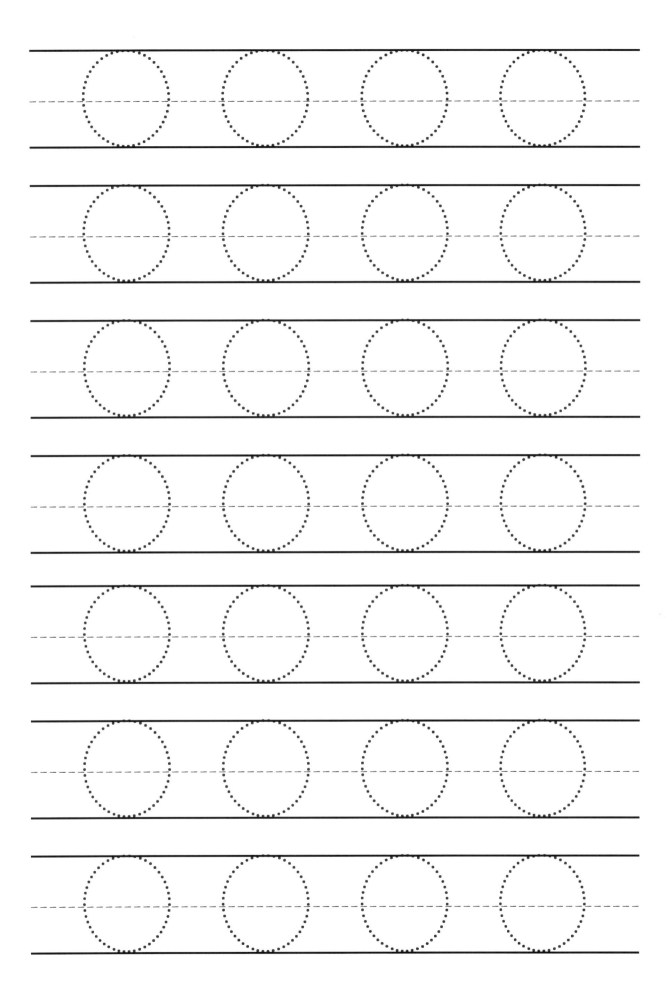

P P

p p

panda

PPPPP

PPPPP

PPPPP

PPPPP

PPPPP

PPPPP

PPPPP

Q Q

q q

quill

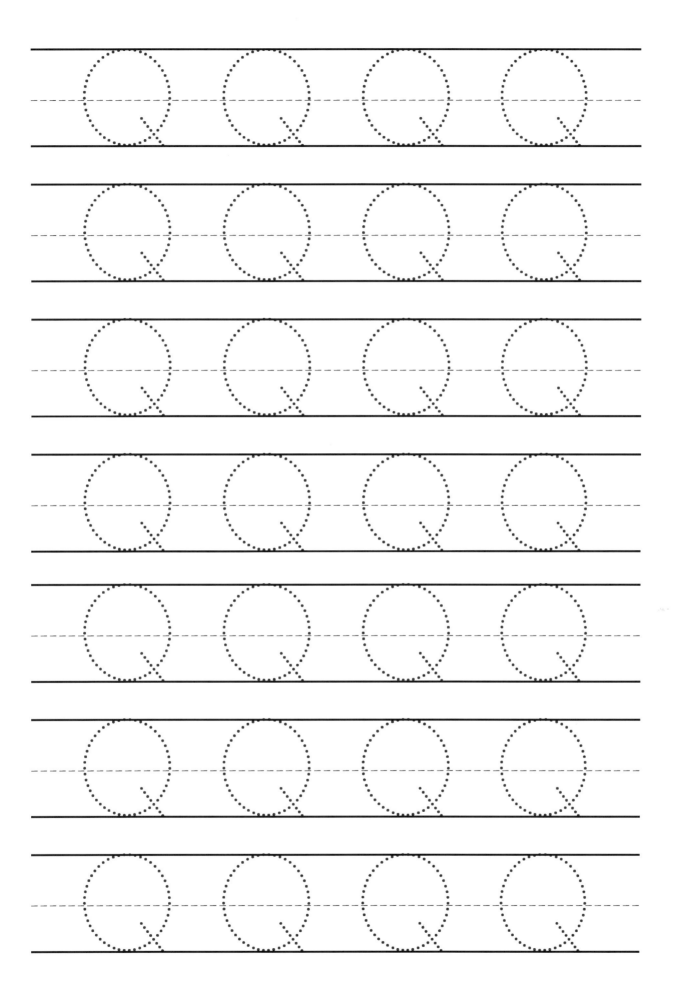

a a a a a a a

a a a a a a a

a a a a a a a

a a a a a a a

a a a a a a a

a a a a a a a

a a a a a a a

R R

r r

robot

R R R R R

R R R R R

R R R R R

R R R R R

R R R R R

R R R R R

R R R R R

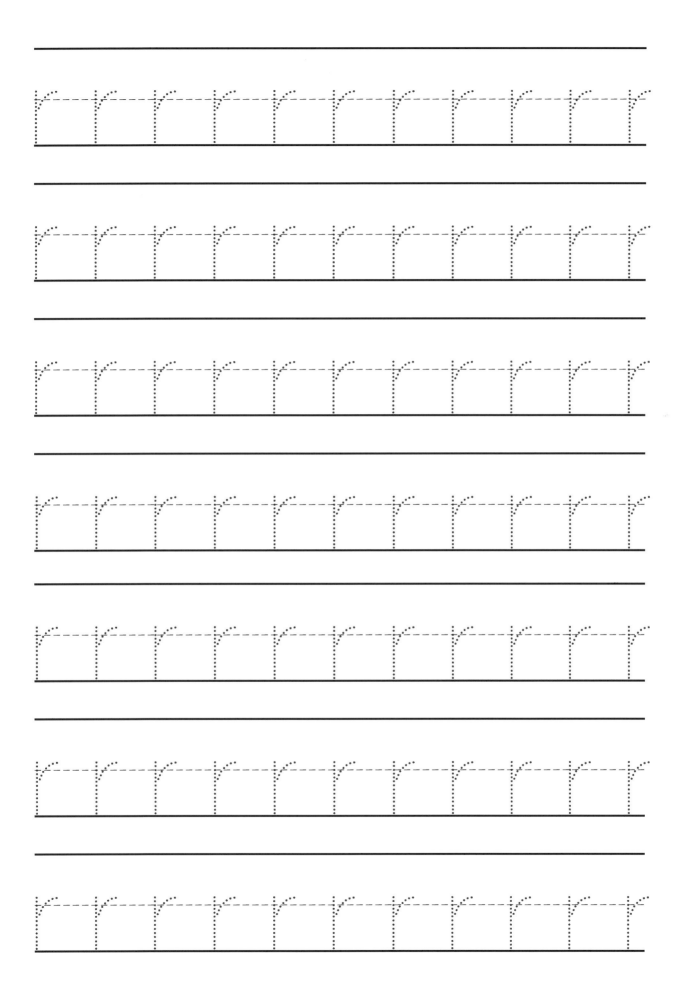

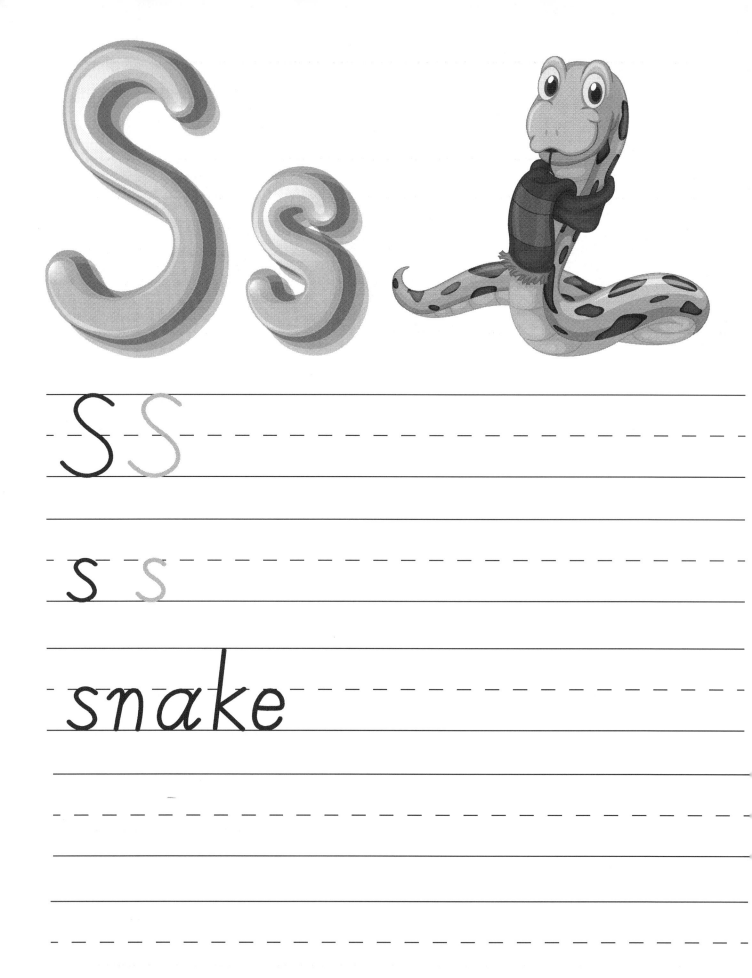

S s

s s

snake

S S S S S

S S S S S

S S S S S

S S S S S

S S S S S

S S S S S

S S S S S

S S S S S S S S S

S S S S S S S S S

S S S S S S S S S

S S S S S S S S S

S S S S S S S S S

S S S S S S S S S

S S S S S S S S S

T T

t t

toilet

U u

u u

umbrella

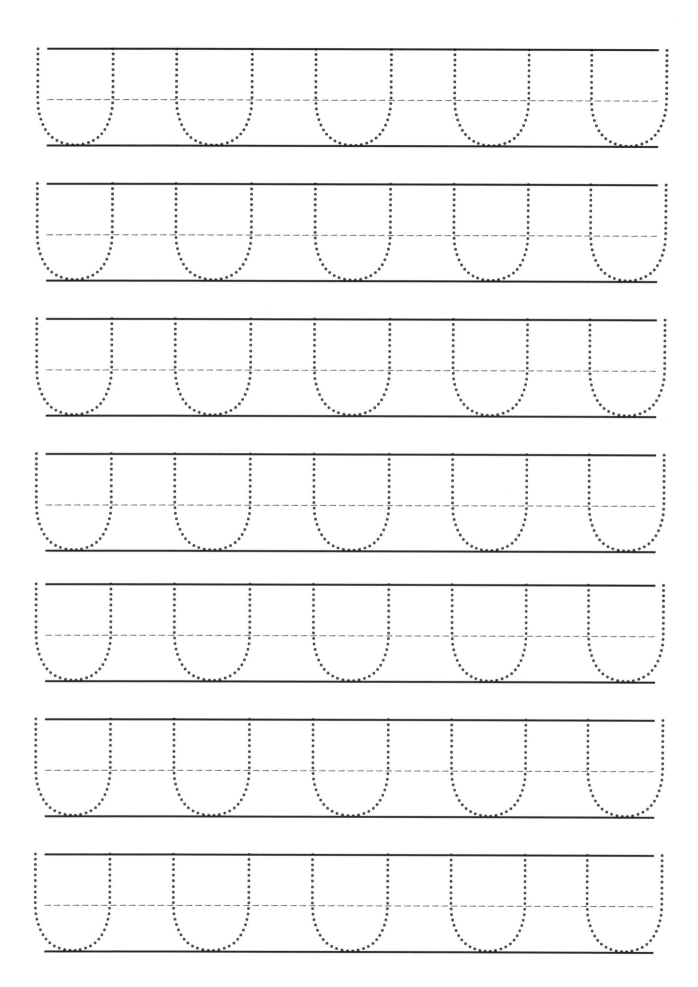

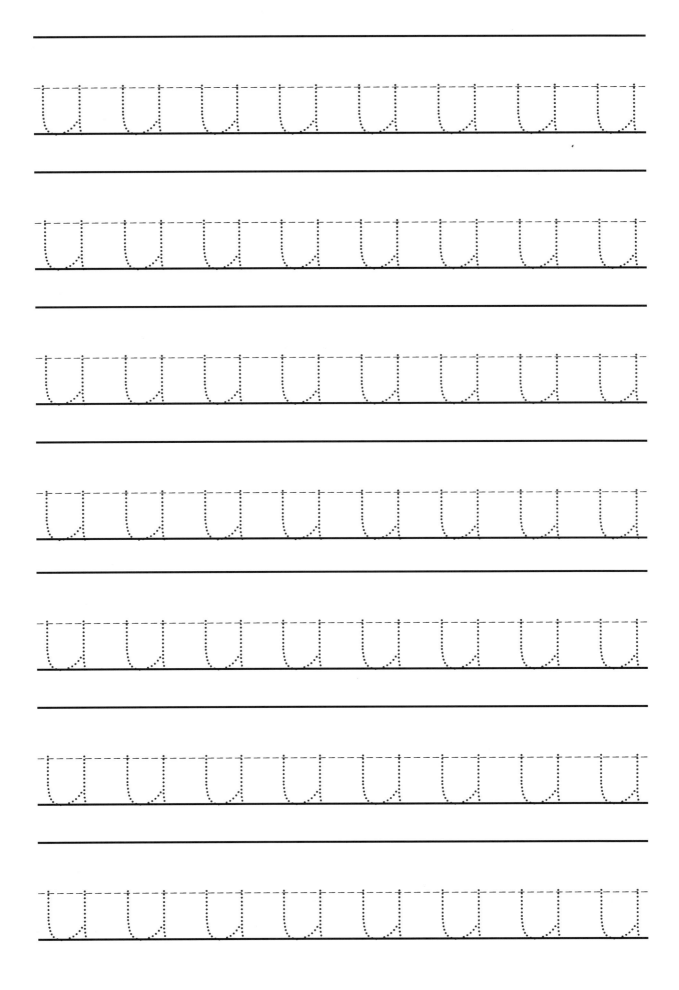

V v

V v

v v

vase

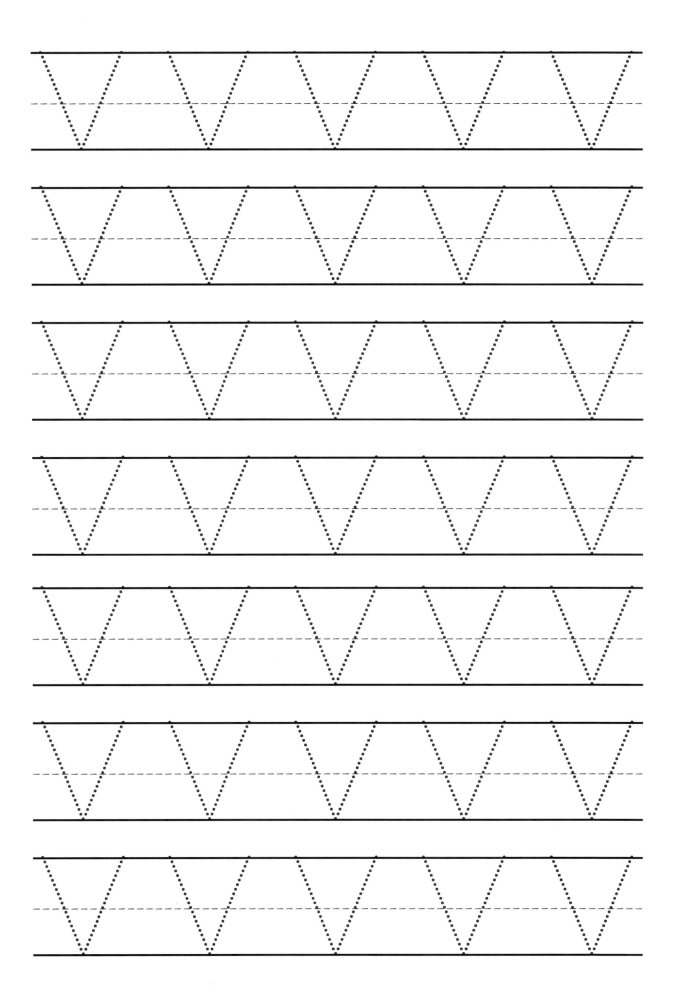

W W

w w

well

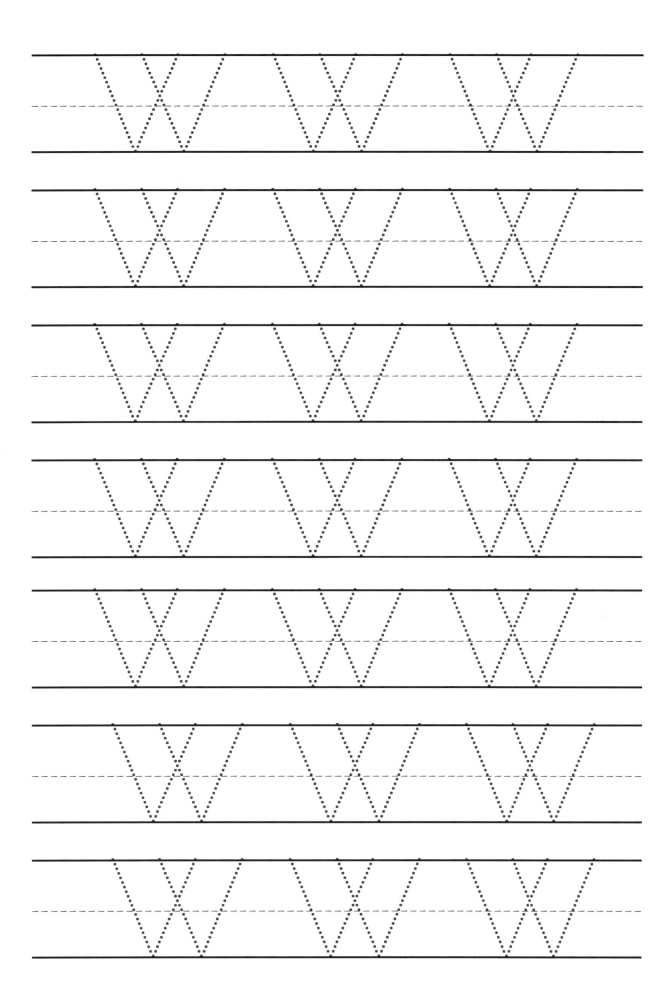

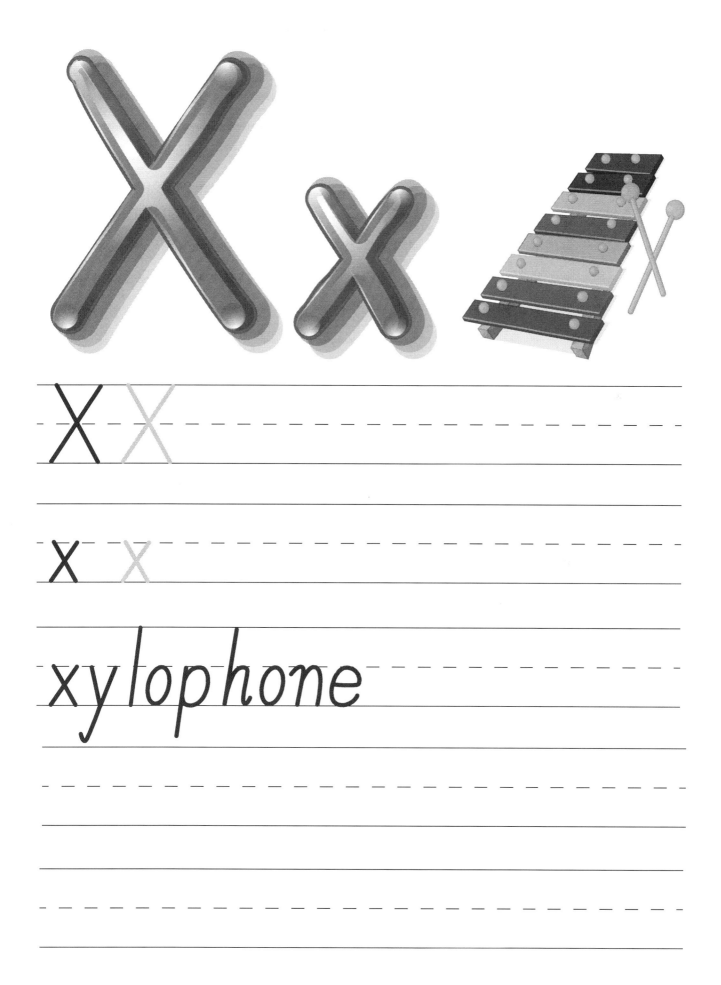

X x

X X

x x

xylophone

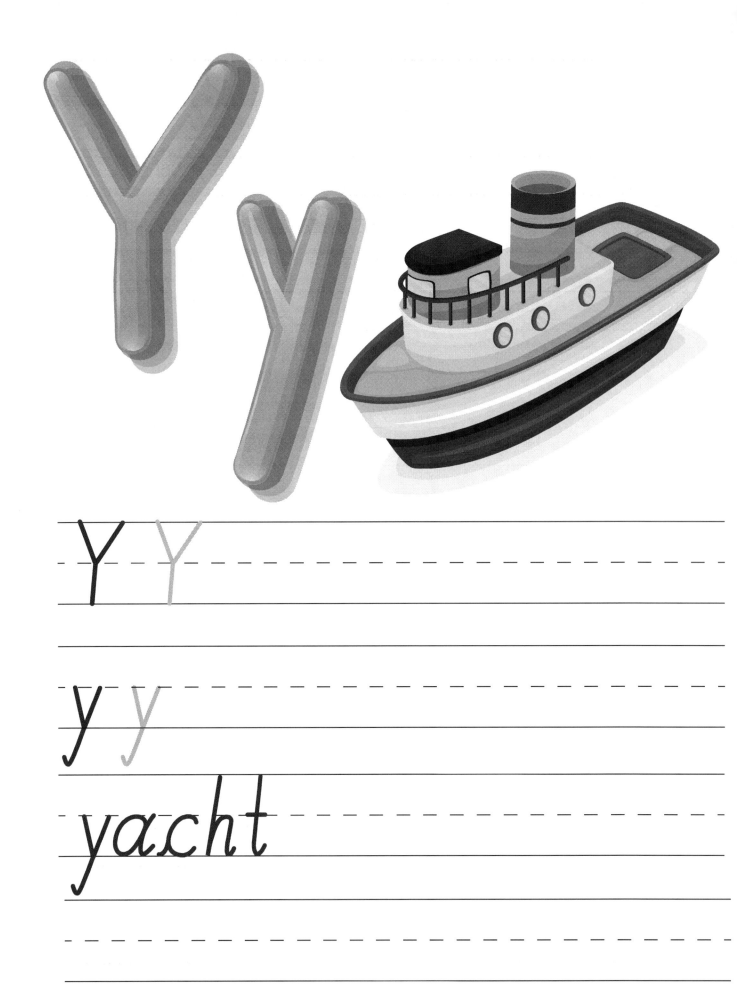

Y Y

y y

yacht

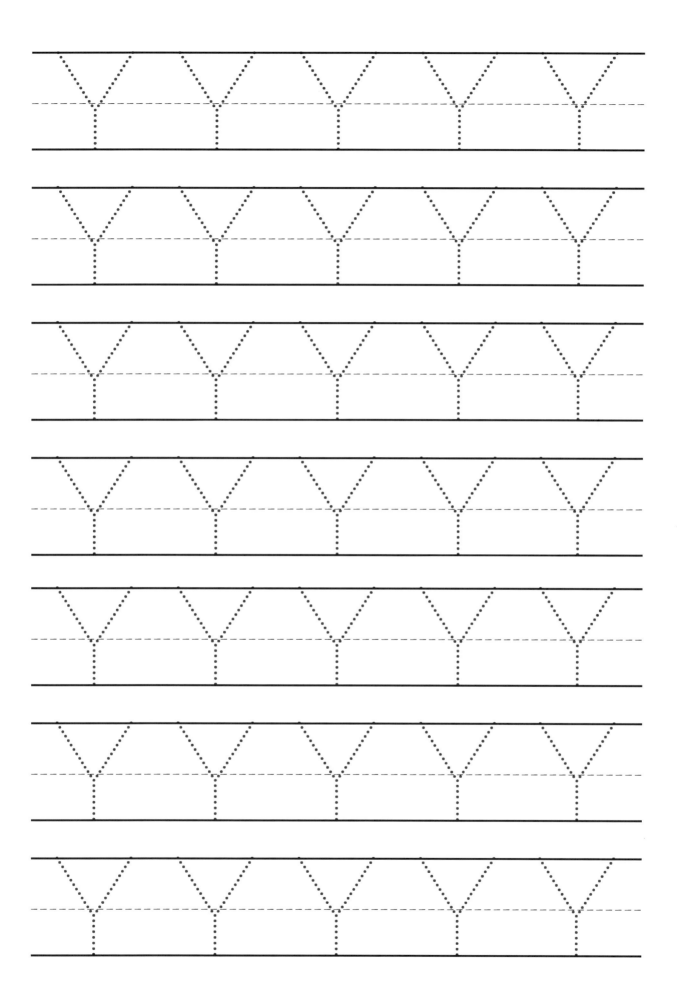

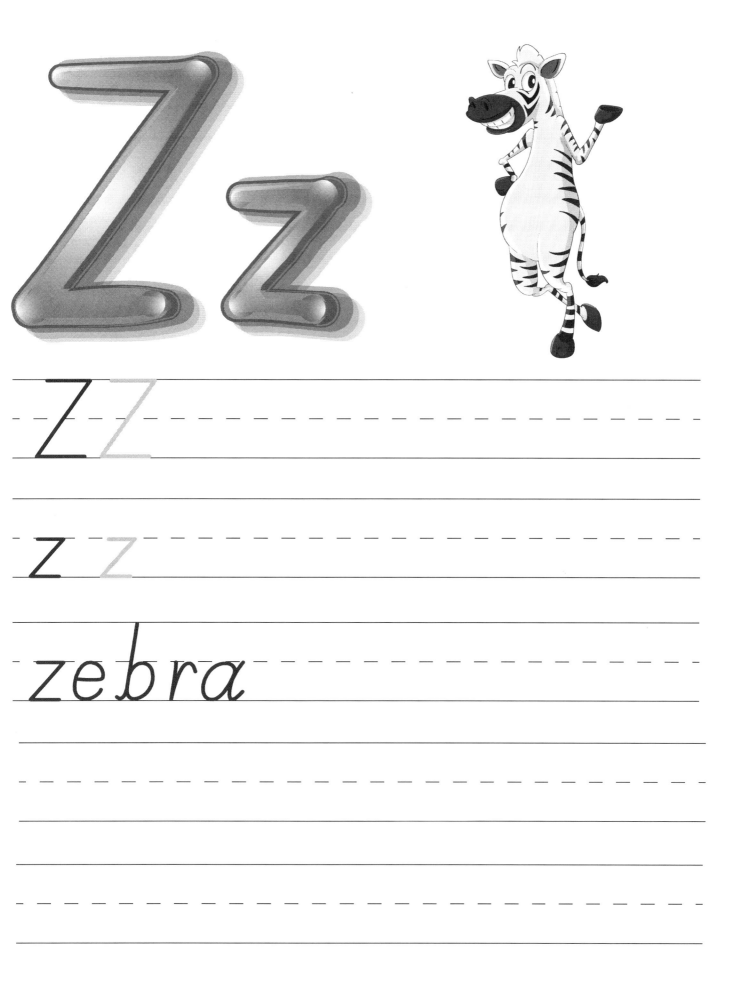

Zz

z z

z z

zebra

Made in the USA
Las Vegas, NV
16 December 2021